Verbanne dein Smartphone ein ganzes Wochenende lang und schaue von Freitagabend bis Montagmorgen auf kein einziges Display.
Wenn es sich für dich besser anfühlt, kannst du ja deine Freund:innen vorab darüber informieren. Vielleicht ist die digitale Auszeit zu Beginn ein wenig gewöhnungsbedürftig, aber im Laufe des Samstags wirst du dich sicher schon daran gewöhnt haben und die digitale Unabhängigkeit richtig auskosten!

Was ist dein Lieblingssong?

Statt die üblichen Playlists zu bemühen, versuche dich darin, dein aktuelles Lieblingslied zu singen, zu summen oder mit einem Instrument anzustimmen. Fühl die Musik – auch wenn es nicht perfekt klingt. Auf diese Weise wird es noch mehr zu *deinem* Lied!

Digital-Detox-Memo

Ich bin jetzt mal weg.
Bis ich irgendwann
wiederkomme ...

Neue Gewohnheiten finden

Nimm dir bewusst Auszeiten von digitalen Einflüssen und widme dich den Offline-Tätigkeiten, die dir guttun und dich inspirieren. Wenn du eine feste Detox-Routine einplanst, kannst du die Offline-Zeit noch bewusster genießen.

Wenn du das nächste Mal …

… an einem Kiosk vorbeikommst, kauf dir doch eine Zeitung und verzichte an diesem Tag auf Nachrichten-Feed und Newsticker.

Wie früher am Lagerfeuer

Freund:innen zu Besuch?
Statt Filme zu streamen, packt lieber eure besten Geschichten aus und verbringt die Zeit damit, euch lustige, peinliche und interessante Storys von damals und heute zu erzählen.

Wecker statt Weckfunktion

Statt nach dem Aufwachen gleich aufs Handy zu schauen, lass dich von einem herkömmlichen Wecker aus dem Schlaf läuten und gönne dir vor dem Aufstehen lieber ein paar bewusste Atemzüge, um achtsam im neuen Tag anzukommen.

Lass Emotionen zu …

… und lebe deine ganze Gefühlspalette. Oft schieben wir negative Emotionen weg und lenken uns mit Screentime, Smartphone oder Podcasts ab, statt den Gefühlen Raum zu geben und uns mit ihnen auseinanderzusetzen.

Wann hast du zum letzten Mal …

… eine Person,
die dich inspiriert hat,
einfach angesprochen?

Keine Posts.
Keine Likes.
Einfach nur leben.

Gute Geschäfte

Unterstütze lieber kleine Läden und Buchhandlungen in deiner Umgebung, statt bequem per »One Klick« Dinge zu kaufen und nach Hause liefern zu lassen. Denn real durch Geschäfte zu bummeln und zu stöbern macht viel mehr Freude als online – und vielleicht entdeckst du ganz nebenbei auch noch ein neues Lieblingscafé.

Checke deine Smartphone-Abhängigkeit ...

... und tracke deine Onlinezeit. Unter »Einstellungen« kannst du den Wochen- und Tagesdurchschnitt deiner Bildschirmzeit einsehen. Ebenso bekommst du aufgelistet, welche Apps und Funktionen du wie lange benutzt hast. Schaffe dir ein Bewusstsein für die Nutzungsdauer der verschiedenen Anwendungen und versuche, unnötige Screentime zu vermeiden.

Konzert statt Download

Wie wäre es mal wieder
mit einem richtigen Konzert?
Ganz gleich, welche Musikrichtung
dir gefällt – Livemusik ist
immer ein Erlebnis!

Nachhaltiger Kleiderschrank

Kleidung online zu kaufen ist besonders verführerisch – werden die meisten von uns doch ständig mit Ads zu Modethemen überschwemmt. Um Geld und Ressourcen zu sparen, schau doch lieber mal in Ruhe durch deinen Kleiderschrank, bevor du neue Klamotten shoppst – und überlege, ob du wirklich etwas Neues brauchst.

Schenke echten Menschen dein Lächeln!

Und verteile
weniger Likes an Leute,
die du nicht wirklich
kennst.

»Lerne, ruhig zu bleiben, nicht alles verdient eine Reaktion.«

Das gilt auch online: Eine Message, ein Like, ein paar Emojis – oft gehen Nachrichten und Posts ewig hin und her. Auch wenn es nett gemeint ist und Spaß macht, so wirklich inhaltlich wird dabei selten kommuniziert. Versuche doch, deine digitale Kommunikation einfach mal stark einzuschränken, somit hast du auch automatisch viel weniger Screentime!

Viele liebe Retro-Grüße

Verschicke aus deinem nächsten Urlaub ganz old-school handgeschriebene Postkartengrüße statt vieler Fotos und Textnachrichten per Messenger.

Alles auf lautlos

Stelle alle Funktionen deines Smartphones auf lautlos und leg es in einen Schrank oder eine Schublade. Nimm es nur zur Hand, wenn du es wirklich benötigst. Nur dann hat dein Handy keine Chance, dich aus deinem natürlichen Tätigkeitsrhythmus zu bringen.

Wann hast du zum letzten Mal ...

... einen Liebesbrief geschrieben – so richtig mit Füller, auf feinem Papier und mit passendem Umschlag?

Du bist schön so, wie du bist!

Vergleiche dich nicht mit retouchierten Schönheiten auf deinen Onlinekanälen. Du bist echt – und das ist gut so!

Leg das Handy weg …

… und lass ein längst vergessenes Hobby wieder aufleben! Zum Beispiel Stricken, Tagebuchschreiben, Gitarrespielen oder was auch immer dich früher glücklich gemacht hat.

Ein geschenkter Moment

Wenn du mal länger irgendwo warten musst, dann zück nicht automatisch das Smartphone, um die neuesten Nachrichten zu checken. Nutze die Gelegenheit dazu, einfach mal nur für dich zu sein. Atme tief durch, schließ die Augen und entschleunige deinen Alltag.

Bucket List statt Scroll-Time

Notiere alles, was dir Spaß macht und du schon immer mal machen wolltest auf einer Liste. Bringe den Zettel gut sichtbar an deiner Wand oder am Kühlschrank an. So hast du immer eine Inspiration zur Hand, wenn gerade Leerlauf angesagt ist.

Es ist schöner, Orte selbst zu erkunden …

… statt Reise-Accounts zu folgen: Ein Trip zu einem nahe gelegenen Ausflugsziel erweitert den Horizont sicherlich mehr, als sich durch die geschönten Bilder von gesponserten Travel-Influencern zu klicken.

In Ruhe ankommen

Wenn du nach Hause kommst, lass den Alltag hinter dir und leg den Tag wie einen Mantel ab. Was hilft dir, um nach einem stressigen Arbeitstag zu entspannen? Such dir deine nichtdigitalen Routinen und genieß deinen Feierabend!

INK
INK

Dein Name in Schönschrift

Probiere Handlettering aus! Dein Lieblingsmotto, deinen vollen Namen oder einen Kartengruß kunstvoll schreiben üben macht Spaß und ist ein echter Kreativitäts-Booster.

It's better together

Funktioniert besser als ein Onlinekurs oder ein Lernvideo: Einen Kurs buchen, Menschen mit gemeinsamen Interessen treffen und etwas dazulernen. Dabei spielt es keine Rolle, ob es um Yoga, eine Sprache, Kochen oder ein DIY-Thema geht.

Wann hast du
zum letzten Mal ...

... etwas in einem
gedruckten Lexikon
nachgeschlagen?

Offline ist der neue Luxus

Tracke deine Screentime und gönne dir täglich mindestens eine genauso lange digitale Auszeit – und zwar ganz bewusst. Überlege, was du in dieser Zeit, die du nicht vor einem Bildschirm verbringst, am liebsten machen möchtest, und dann: Tu es!

Digital-Detox-Memo

Das Leben findet OFFLINE statt.

Wann hast du zum letzten Mal …

… selbst Blumen gepflückt?
Sehen nicht immer so perfekt
aus wie vom Online-Blumenhändler,
machen aber viel mehr Freude!

Offline navigieren

Wenn das Navi oder Handy streikt, sollte man in der Lage sein, per Stadtplan oder Straßenkarte an seinen Zielort zu gelangen. Das allein ist schon Grund genug, die Fertigkeit, Landkarten lesen zu können, nicht zu vernachlässigen. Nimm also bei der nächsten Gelegenheit einen gedruckten Plan zur Hand und schalte die Navigations-App auf OFF.

Mono- statt Multitasking

Übe dich bewusst darin, nicht mehrere Dinge gleichzeitig zu tun, sondern erledige eine Sache nach der anderen. Dazu gehört natürlich auch, nicht nebenbei das Handy zu checken, wenn du eigentlich etwas ganz anderes machst. Auch wenn du mit jemandem im Gespräch bist, lass das Smartphone ganz weg – und erlebe, wie entspannend Monotasking sein kann.

Lieferservice – nein, danke!

Wenn man mal nicht kochen mag, muss man nicht gleich online den Lieferservice ordern. Viel schöner ist es, sich selbst zu seinem Lieblingslokal zu begeben – auch mal allein, ohne bestimmten Anlass, für einen schnellen Lunch oder ein Abendessen.

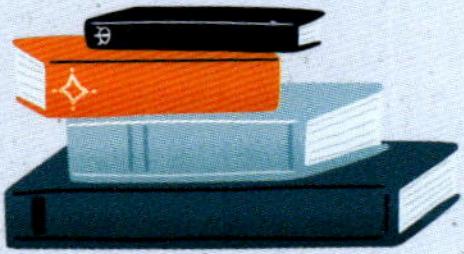

Wann bist du zum letzten Mal …

… in einer Bibliothek gewesen? Eine echte Alternative für alle, die gern digital dem Alltag entfliehen. Denn auch in der Bibliothek lässt es sich ganz hervorragend stundenlang in Fantasie-, Bilder- und Themenwelten abtauchen.

Online Produkte anzuklicken und Preise zu vergleichen nimmt oft viel Zeit in Anspruch. Bevor du durch digitale Warenwelten stöberst, mach dir zunächst einmal Notizen – auf Papier. Welche Anschaffungen stehen bei dir in nächster Zeit an? Was davon benötigst du wirklich? Gibt es Dinge, die du auch leihen, im Secondhandshop kaufen oder auf die du ganz verzichten kannst? Streiche unnötige Anschaffungen raus und wäge bei den übrigen ab, ob es sich lohnt, sie online zu bestellen.

Sonnenhut oder Regenschirm?

Wettervorhersagen sind nützlich, aber – Hand aufs Herz – wie oft stimmt die Wetter-App mit der tatsächlich vorherrschenden Witterung überein? Manchmal lohnt sich der Blick in den Himmel und aufmerksame Wetterbeobachtung mehr als das Checken des Smartphones.

Vertrau deinem natürlichen Körpergefühl und vernachlässige deine Gesundheits-App. Du weißt am besten, wann du Erholung, gesunde Nahrung, Bewegung oder einfach nur Entspannung benötigst!

Ab ins Reisebüro

Lass dir doch die Arbeit von den Menschen abnehmen, die sich in Sachen Urlaub wirklich auskennen! Im Reisebüro bekommst du viel bessere, auf dich individuell zugeschnittene Angebote als auf irgendwelchen Urlaubsportalen. So kannst du Geld und Zeit sparen.

Ich bin dann mal offline!

Beweise Mut zur Lücke – du musst nicht ständig neue Posts generieren. Deine Offline-Freundinnen und -Freunde freuen sich über deine physische Präsenz garantiert mehr als deine Follower:innen über einen neuen Beitrag.

Unboxing auf die herkömmliche Art

Ein Gutschein für einen Onlineshop ist schnell erworben und per Mail verschickt – noch viel mehr freut sich der oder die Beschenkte sicherlich über ein hübsch verpacktes, persönliches Geburtstagsgeschenk oder ein bei der Post aufgegebenes Geburtstagspaket.

Brain-Training ohne Apps

Versuche bewusst,
dein Gedächtnis zu trainieren
und dir auch ohne die
Memo-Funktion deines Handys
ganz viel zu merken.

Wann hast du
zum letzten Mal …

… die Sterne beobachtet?

Jeden Tag eine Zeile

Statt dich online durch die Meinungen anderer zu scrollen, mach dir deine ganz eigenen Gedanken und halte sie in einem kleinen Kalender fest. Notiere dir jeden Tag eine Idee, einen Geistesblitz oder einen schlichten Satz, der deine Stimmung widerspiegelt. So schaffst du dir Eintrag für Eintrag ein sehr persönliches Notizbuch, durch das du immer wieder blättern und an dem du dich auch im Nachhinein erfreuen kannst.

Lieber die Natur erleben …

… statt Naturfotos zu posten. Geh doch mal ganz ohne digitalen Begleiter raus in die Natur. Ob beim Wandern, Radfahren oder am Badesee – die schönsten Flecken lassen sich am besten mit den eigenen Augen (und nicht durch die digitale Posting-Brille) entdecken und genießen! Also einfach einatmen, ausatmen, die Augen schließen und sich freuen. Auch so kann ein Moment unvergesslich werden.

Heute
mach ich mal
was für mich

(und nicht für
Social Media).

Sonne statt Display

Wenn das nächste Mal ein Sonnenstrahl auf deinem Display landen sollte, dann nimm das als »himmlisches« Zeichen: Lass die Sonne rein! Handy aus oder Laptop zuklappen, Nase in die Sonne halten und sich von der Wärme und dem Licht für einen Augenblick streicheln lassen. Denn bald schon könnte sich die Sonne wieder verstecken, und der schöne Sunshine-Moment wäre dahin …

Du hast sicherlich Dinge, die du normalerweise gern digital erledigst. Vielleicht kannst du das eine oder andere auch in eine analoge Gewohnheit ummünzen? Zum Beispiel: Den Eltern keine Textnachrichten schreiben, sondern öfter mal spontan anrufen. Den Brief an die Krankenkasse per Hand verfassen, statt eine Nachricht über das Portal hochzuladen. Die Rechnungsposten auf Papier addieren und nicht die Taschenrechner-App auf deinem Smartphone bemühen. Was bietet sich bei dir an?

Lass Digitales
hinter dir
und entdecke
Neues,
Wahres,
Echtes!

Sei immer da, wo du gerade bist

Wenn du unterwegs bist,
dann schau nicht ins Handy –
sondern beobachte aufmerksam,
was um dich herum geschieht.

Kannst du auch »ohne« leben?

Diese Kartenbox hält 50 Tipps für dich bereit, die dich dabei unterstützen, im Alltag ohne digitale Hilfsmittel zurechtzukommen. Denn fast alles kannst du auch analog und ohne das Internet erledigen! Statt also das Smartphone zu zücken, ziehe lieber eines der Kärtchen und lass dich von den Offline-Ideen inspirieren!

In einigen Fällen war es nicht möglich, für den Abdruck der Texte die Rechteinhaber:innen zu ermitteln. Honoraransprüche der Autor:innen, Verlage und ihrer Rechtsnachfolger:innen bleiben gewahrt.

Bildnachweis Cover: GoodStudio, Aechka, mayrisio, Ton Photographer 4289 (Hintergrund)
Bildnachweis Innenteil: Illustrationen und Vignetten: www.Shuttertock.com: Aechka, Borodacheva Marina, Dedraw Studio, EssentiallyNomadic, GoodStudio, Happiest Sima, KittyVector, LuckyVector, mayrisio, VectorMine, Visual Generation, Wondermilkycolor, xnova; Hintergründe: www.shutterstock.com: Flame of life, Ton Photographer 4289

Gestaltung Cover: arsEdition GmbH
Gestaltung Innenteil: Eva Schindler
ISBN 978-3-8458-5284-3
www.arsedition.de

FSC
www.fsc.org
MIX
Papier aus verantwortungsvollen Quellen
FSC® C020056